For Acoustic or Electric

THE TRUE CUBAN BASS

BY
CARLOS DEL PUERTO
BASSIST WITH IRAKERE
AND
SILVIO VERGARA

INCLUDES CDs
OF EACH EXERCISE

EL VERDADERO BAJO CUBANO

DE
CARLOS DEL PUERTO
BAJISTA DE IREKERE
Y
SILVIO VERGARA

INCLUYE CDs
DE EJERCICIOS

Sher Music Co.

Editor: Chuck Sher
Co-editor and photographer: Rebeca Mauleón
Translation: Victor Mendoza & Rebeca Mauleón
Music copying: Ann Krinitsky, Berkeley, CA
Cover design: Attila Nagy
Cover background art: *Las Palmas* by Abel Vargas,
©Nicaraguan Cultural Alliance, P.O. Box 5051, Hyattsville, MD 20782
Tape mastered at Northern Lights Recording, Petaluma, CA

All Rights Reserved. International Copyright Secured.
No part of this book may be reproduced in any form
without written permission from the publisher.

Editor: Chuck Sher
Co-editora y fotógrafa: Rebeca Mauleón
Traducción: Victor Mendoza y Rebeca Mauleón
Redacción de transcripciones musicales: Ann Krinitsky, Berkeley, CA
Diseño de la portada: Attila Nagy
Fondo artístico de la portada: *Las Palmas* por Abel Vargas,
©Nicaraguan Cultural Alliance, P.O. Box 5051, Hyattsville, MD 20782
Matrización de casete: Northern Lights Recording, Petaluma, CA

Derechos Reservados. Copyright Internacional Asegurado.
Hecho en EEUU. Ninguna parte de este libro se podrá
reproducir sin el permiso escrito del editor.

©1994 Sher Music Co.
P.O. Box 445, Petaluma, CA 94953

Made in USA. ISBN 1-883217-01-6

AUTHOR'S BIOGRAPHIES

CARLOS DEL PUERTO

Carlos Del Puerto was born in Havana, Cuba in 1951. His musical studies took place at the Amadeo Roldan Conservatory, where he studied with Professor A. Nenov. In 1965, Del Puerto joined the Felipe Dulzaides group, where he acquired his first experience with popular music. He then went on to join other groups, such as Sonorama 6.

Later, he was chosen to join the Orquesta Cubana de Musica Moderna, directed by such conductors as A. Romeo and Rafael Somavilla. It was within this orchestra that the group Irakere, of which Del Puerto is a member, was formed by Chucho Valdés. Over time, other musicians in this group have included such renowned artists as Paquito D'Rivera, Arturo Sandoval, Oscar Valdés, and Carlos Averoff.

The group Irakere received a Grammy in 1979 and was again nominated in 1980. Irakere has participated in all of the most important jazz festivals in Europe and America, covering more than 45 countries. The group has more than 30 recordings to its credit. Mr. Del Puerto was the featured soloist in "Arioso para Charles Mingus," by Leo Brower, which was performed by Irakere and the Orquesta Sinfónica Nacional de Cuba, and in the composition "Tierra en Trance" (Irakere).

Currently Del Puerto is a professor at the Instituto Superior de Arte de Cuba and the Escuela de Superación Profesional. Together with Silvio Vergara, he has edited two methods for bass and bass guitar. Del Puerto has conducted Master classes in England, Spain, Mexico and Peru.

BIOGRAFÍA DE LOS AUTORES

CARLOS DEL PUERTO

Nació en la Habana, Cuba en 1951. Cursó sus estudios musicales en el Conservatorio "Amadeo Roldán" con el profesor A. Nenov. En 1965 forma parte del grupo de Felipe Dulzaides, donde adquiere sus primeros conocimientos en la música popular, y luego formó parte de otras agrupaciones como Sonorama 6.

Fue seleccionado para unirse a la Orquesta Cubana de Música Moderna (1967) donde trabajó con directores como A. Romeo, Rafael Somavilla y otros. Fué dentro de esa agrupación donde se formó el grupo Irakere, dirigido por Chucho Valdés y que contaba entre otros con músicos como Paquito D'Rivera, Arturo Sandoval, Oscar Valdés y Carlos Averhoff.

Como integrante de Irakere fué galardonado en 1979 con el premio Grammy y nominado nuevamente en 1980. Ha participado en todos lo más importantes festivales de jazz de Europa y América, actuando en más de 45 países. Con dicho grupo ha grabado más de 30 LPs, siendo solista en "Arioso para Charles Mingus" del compositor Leo Brower (Irakere y la Orquesta Sinfónica Nacional de Cuba) y en "Tierra en Trance" (Irakere).

En la actualidad, Del Puerto es profesor del Instituto Superior de Arte de Cuba y de la Escuela de Superación Profesional. Junto a Silvio Vergara ha editado dos métodos para la enseñanza del contrabajo y la guitarra-bajo. Ha impartido clases en Inglaterra, España, Perú y México.

AUTHOR'S BIOGRAPHIES

SILVIO VERGARA

Silvio Vergara was born in Placetas, a province of Las Villas, Cuba, in 1940. His musical studies began with the municipal band in Placetas, and he later became a regular member of the group. In 1957, he started his formal studies in contrabass and acquired his first experience with popular music. In 1960 he became a member of the Orquesta de Música Sinfónica, while at the same time performing regularly with other orchestras and popular groups.

In 1963, Vergara moved to Havana to further his studies and develop his technique on the contrabass at the Alejandro García Caturla Conservatory while working at the Instituto Cubano de Radiofusión. In 1966, he graduated with a degree on Contrabass and joined the Orquesta Sinfónica Nacional, where he worked for six years, while continuing his performances with popular groups. Currently, Vergara is a professor at the Instituto de Superación Profesional, where he teaches bass guitar. He has been performing with the internationally known group Conjunto Rumbavana, which has toured throughout Europe and Latin America. In addition, he works with the group Raisón, which specializes in traditional Cuban music.

BIOGRAFÍA DE LOS AUTORES

SILVIO VERGARA

Nació en Placetas, provincia de Las Villas en 1940. Comenzó sus estudios de música en la banda municipal de Placetas, en la que se integró posteriormente. En 1957 inició sus estudios de contrabajo y adquirió sus primeras experiencias en el campo de la música popular. En 1960 ingresó en la Orquesta de Música Sinfónica al mismo tiempo que participaba activamente con orquestas y grupos populares.

Silvio se trasladó en 1963 a la Habana y comenzó a estudiar y perfeccionar la técnica del contrabajo en el conservatorio Alejandro García Caturla, y alternó estos estudios con su trabajo en el Instituto Cubano de Radiodifusión. Graduado de contrabajo en 1966, se ingresó en la Orquesta Sinfónica Nacional, donde trabajó durante seis años sin nunca dejar de colaborar con grupos de música popular. También fué bajista del Conjunto Rumbavana, con el cuál realizó diversas giras, tanto por Hispanoamérica como por Europa. Vergara actualmente es profesor de guitarra-bajo en el Instituto de Superación Profesional, y trabaja con el grupo Raisón que se especializa en la música tradicional Cubana.

©R. Mauleon, Havana 1993 **CARLOS DEL PUERTO**

INTRODUCTION

In the past twenty years, as performers of Cuban music and in our long trajectory as teachers, we have had to develop different initiatives and methods to teach the rhythmic and harmonic movements as applied to the bass in our music.

Based on these experiences, we developed this book which contains the basic elements for interpretation and execution of the different styles of popular Cuban music.

Presented in this book is a selection of styles which demonstrates specific examples of technical execution, as well as individual interpretations, and is most representative of Cuban music from the 1920's to the present.. Often, these examples represent the specific concepts of an arranger; in other cases, they reflect the interpretations of the most respected groups in each style.

We have transcribed the bass lines as originally performed so you will be able to practice them with the enclosed cassette. It is our wish that this material will help you acquire the knowledge that you search for.

We dedicate this work to all those bassists whose love, fantasy, and flavor contributed to the development of our music.

CARLOS DEL PUERTO
Bassist with Irakere and Bass Professor at the Instituto Superior de Arte de Cuba.

SILVIO VERGARA
Bassist with Rumbavana and professor of contrabass and bass guitar.

UNA INTRODUCCIÓN NECESARIA

En el transcurso de más de dos décadas como ejecutantes de los variados géneros de la música popular Cubana y en nuestra larga trayectoria como profesores, hemos tenido que desarrollar diferentes iniciativas y métodos para enseñar a los estudiantes cubanos y de otros países, las lineas de bajo y los movimientos rítmico armónicos de nuestra música.

Basados en estas experiencias, elaboramos este libro que contiene los elementos básicos para la interpretación y ejecución de los diferentes estilos de la música popular cubana. En este método aparece una selección de los géneros cubanos más representativos desde la década de los 20, hasta la actualidad, interpretados en algunos casos por un orquestador y en otros, por las más destacadas agrupaciones de cada estilo. Hemos realizado transcripciones de las lineás de bajo tal y como fueron tocadas originalmente y que usted podrá practicar con el cassette.

Esperamos que este material que les ofrecemos le permita adquirir los conocimientos que usted desea.

Este trabajo es un homenaje a todos aquellos bajistas que con su amor, fantasía y sabor, coadyuvaron al desarrollo de nuestra música.

CARLOS DEL PUERTO
Bajista de Irakere y Profesor de Bajo del Instituto Superior de Arte de Cuba.

SILVIO VERGARA
Bajista de Rumbavana y Profesor de Contrabajo y guitarra-bajo.

INDEX - CHAPTER ONE

ORIGIN AND DEVELOPMENT OF THE ACCOMPANIMENT STYLES 1

Example 1: Danzón 4

Example 2: Son

      2b: (Montuno/ Son) 5

Example 3: Bolero 6

Example 4: Danzón de Nuevo Ritmo 7

Example 5: Cha-Cha-Chá 8

Example 6: Son Montuno 10

Example 7: Guajira

      7b: Afro 11

Musical Piece: "Yo Si Como Candela" 12

Musical Piece: "El Chaleco" (Son-Cha) 13

Example 8: Mambo 14

Example 9: Bolero Son 15

Example 10: Bolero Cha 16

Musical Piece: "Fiebre de ti" (Bolero) 17

Example 11: Rumba 18

Example 12: Guaracha 19

Musical Piece: "Mi Bombolaye" (Guaracha) 20

CHAPTER TWO

THE CLAVE AND ITS RELATION WITH THE BASS 21

VARIATIONS OVER BASIC STRUCTURES

Variation #1: Over the Son 29

Variation #2: 30

Variation #3: 30

INDEX - PRIMER CAPITULO

ORIGEN Y DESARROLLO DE LOS ACOMPAÑAMIENTOS 1

Ejemplo No. 1: Danzón Tradicional 4

Ejemplo No. 2: Son Tradicional

      2b (Montuno, Son Tradicional) 5

Ejemplo No. 3: Bolero Tradicional 6

Ejemplo No. 4: Danzón de Nuevo Ritmo 7

Ejemplo No. 5: Cha-cha-chá 8

Ejemplo No. 6: Son Montuno 10

Ejemplo No. 7: Guajira

      7b: El Afro 11

Pieza musical: "Yo Si Como Candela" 12

Pieza musical: "El Chaleco" (Son-Cha) 13

Ejemplo No. 8: Mambo 14

Ejemplo No. 9: Bolero Son 15

Ejemplo No. 10: Bolero Cha 16

Pieza musical: "Fiebre De Ti" (Bolero) 17

Ejemplo No. 11: Rumba 18

Ejemplo No. 12: Guaracha 19

Pieza musical: "Mi Bombolaye" (Guaracha) 20

SEGUNDO CAPÍTULO

LA CLAVE Y SU RELACIÓN CON EL BAJO 21

VARIANTES SOBRE ESTRUCTURAS BÁSICAS

Variante No. 1: Sobre el Son 29

Variante No. 2: 30

Variante No. 3: 30

Variation #4: Over Son-Cha 31	Variante No. 4: Sobre el Son-Cha 31
Variation #5: Rhythmic Tensions 32	Variante No. 5: Tensiones Rítmicas 32
Variation #6: Over Guaracha 33	Variante No. 6: Sobre la Guaracha 33
Variation: Guaracha, Rhythmic Tensions . . . 34	Variante: Guaracha, Tensiones Rítmicas 34
Variation: Over Son (two chords) 35	Variante: Sobre el Son (2 acordes) 35
Variation #7: Rhythmic Tensions over two chords 35	Variante No. 7: Tensiones rítmicas sobre dos acordes 35
Variation #8: Combinations 36	Variante No. 8: Combinaciones 36
Musical Composition: "Lágrimas Negras" . . 37	Pieza musical: "Lágrimas Negras" 37
Different Cuban Rhythms: Guaguancó, Songo, Pilón, Mozambique 39	Diferentes Ritmos Cubanos: Guaguancó, Songo, Pilón, Mozambique 39
Final Variations 39	Variantes Finales 39
Cuban Tumbaos 41	Tumbaos Cubanos 41
Son Study (For Cachao) 43	Estudio Soneado (A Cachao) 43

CHAPTER THREE

Eight Bass Transcriptions:

No. 1: "La Flauta Mágica", danzón. 45
    Group: Los Amigos
    Bassist: Orlando López "Cachaíto"

No. 2: "Coge el Camarón", son. 47
    Group: Original De Manzanillo
    Bassist: El Jimagua

No. 3: "Rumberos Latinoamericanos", guaguancó. 49
    Group: Orquesta Revé
    Bassist: Pipo

No. 4: "Yo soy de la Habana", son 51
    Group: Irakere
    Bassist: Carlos Del Puerto

No. 5: "El Que No Se Movió Perdió Su Tiempo" (not on tape) 55
    Bassist: Silvio Vergara

No. 6: "Bailando Así"
    (on tape, end of side 1) 57
    Bassist: Carlos Del Puerto

No. 7: "Lo Que Va A Pasar" 59
    (not on tape)
    Bassist: Carlos Del Puerto

No. 8: "Que Sorpresa" 61
    Group: Los Van Van (not on tape)
    Bassist: Juan Formell

Farewell: (melody by Carlos Del Puerto)

TERCER CAPÍTULO

Ocho Transcripciones De Bajo

No. 1: "La Flauta Mágica", danzón. 45
    Grupo: Los Amigos
    Bajista: Orlando López "Cachaíto"

No. 2: "Coge el Camarón", son. 47
    Grupo: Original De Manzanillo
    Bajista: El Jimagua

No. 3: "Rumberos Latinoamericanos", Guaguancó. 49
    Grupo: Orquesta Revé
    Bajista: Pipo

No. 4 : "Yo soy de la Habana', son 51
    Grupo: Irakere
    Bajista: Carlos Del Puerto

No. 5: "El Que No Se Movió Perdió Su Tiempo"
    (no grabado) 55
    Bajista: Silvio Vergara

No. 6: "Bailando Así"
    (grabado, final de la cara 1). 57
    Bajista: Carlos Del Puerto

No. 7: "Lo Que Va A Pasar" (no grabado) . . 59
    Bajista: Carlos Del Puerto

No. 8: "Que Sorpresa" (no grabado) 61
    Grupo: Los Van Van
    Bajista: Juan Formell

Despedida: (melodía por Carlos Del Puerto)

CHAPTER ONE

ORIGIN AND DEVELOPMENT OF ACCOMPANIMENT STYLES

We think the best way to introduce you to the different styles of bass accompaniment in Cuban music is by presenting them to you in chronological order of development and their relationship to each other. For this reason, throughout this book we will demonstrate the rhythms which gave birth to the basic elements and variations of modern styles. **(The taped examples begin on page 4.)**

DANZÓN

The danzón evolved in Matanzas, Cuba, in 1879 as a result of the evolution of the *contrandanza francesa* (French Contradance) and the *danza cubana*, and was one of the first typical Cuban styles which had its own rhythm and corresponding bass line.

In 1910, José Urfé incorporated in his *danzón*, "El Bombin de Barreto", a new element, the *montuno of the son*, bringing together the two most important rhythms of Cuban Music: the *danzón* and the *son oriental*.

All of the patterns that integrated the different forms of accompaniment prior to the *danzón* and the *son tradicional* were enriched from the variations that came about by the mixture of these two rhythms.

The following outline will give you an idea of how these patterns influenced all of the other Cuban and Latin American rhythms.

We will begin with the basic forms of accompaniment to the *danzón* and the *son tradicional*. We will refer to them as the *bajo básico* (basic bass line) which are the patterns that are most repeated in the traditional form of each Cuban style. With these, you may interpret standard chord changes in their simplest form.

Later on, we will demonstrate techniques which will help you create variations on these patterns.

PRIMER CAPITULO

ORIGEN Y DESARROLLO DE LOS ACOMPAÑAMIENTOS

Consideramos que la mejor manera de introducirlo a usted dentro del conocimiento de las diferentes formas de acompañamientos cubanos es presentándole como éstas fueron apareciendo y la relación que ellas tienen entre si. Por esta razón, en el transcurso de este material, le iremos mostrando los ritmos que aportaron los elementos básicos o las variantes que surgieron de éstas. **(Los ejemplos grabados comienzan en la página 4.)**

El primer ritmo que le presentaremos es el *Danzón*.

Surgido en Matanzas, Cuba en 1879 como resultado de la evolución de la *contradanza francesa* y la *danza cubana*, fue uno de los primeros géneros propiamente cubanos que tuvo una célula rítmica característica y propia para sus lineas de bajo.

En el año 1910 José Urfé incorporó a su danzón "El Bombín de Barreto," un nuevo elemento, el *montuno del son*, uniendo de esta forma a los dos ritmos más importantes de la música cubana, el *danzón* y el *son oriental*. Todos los patrones que integraron las diferentes formas de acompañamiento posteriormente al danzón y al son tradicional se nutrieron básicamente de las variantes que surgieron de la mezcla de estos ritmos.

El esquema que a continuación le mostramos, le dará una idea de como estos patrones influyeron en todos los demás ritmos cubanos y Latinoamericanos.

Comenzaremos por las formas básicas de acompañamiento de danzón y del son tradicional y, a éstas les llamaremos *bajo básico*, que son los patrones que más se repiten dentro de la forma tradicional de cada género, y con los cuales usted puede interpretar una partitura cifrada de la forma más sencilla dentro de cada estilo.

Más adelante le mostraremos formas que le ayudarán a hacer variaciones a estos patrones.

Basic bass line of the *danzón*  bajo básico del danzón

Baqueteo pattern on the timbales baqueteo de la paila o timbal

Basic bass line of the *son tradicional* 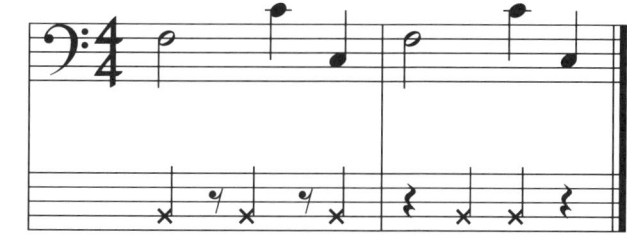 bajo básico del son tradicional

son clave (3-2) clave de son

Listed below are the styles which evolved from the *bajo básico* of the *son* (first group) or the *bajo básico* of the *danzón* (second group):

Hemos formado dos grupos en los que aparecen, los géneros que tomaron el bajo básico del son o el 2 do compás del bajo básico del danzón:

FIRST GROUP: **Styles originating in the basic bass line of the son:**

PRIMER GRUPO: **Géneros Que Tomaron El Bajo Básico Del Son Tradicional:**

<u>In 4/4 time, medium tempo</u>　　　　　　　　　　　　　　　<u>(a 4 tiempos)</u>

Son (traditional)　　　　　　　　　　　　　　　　　　　　Son Tradicional
Bolero　　　　　　　　　　　　　　　　　　　　　　　　　Bolero
Mambo　　　　　　　　　　　　　　　　　　　　　　　　Mambo
Beguine-bolero son　　　　　　　　　　　　　　　　　　　Beguine-bolero Son
Bolero mambo　　　　　　　　　　　　　　　　　　　　　Bolero mambo

<u>In cut time</u>　　　　　　　　　　　　　　　　　　　　　<u>(a 2 tiempos)</u>
Guaracha (traditional)　　　　　　　　　　　　　　　　　　Guaracha (trad.)
Porro　　　　　　　　　　　　　　　　　　　　　　　　　Porro
Cumbia　　　　　　　　　　　　　　　　　　　　　　　　Cumbia
Plena　　　　　　　　　　　　　　　　　　　　　　　　　Plena
Rumba (traditional)　　　　　　　　　　　　　　　　　　　Rumba (trad.)

In these styles, when the montuno section or bridge is reached, the rhythmic pattern changes to: (♩. ♩. ♩).

En los géneros de este primer grupo al llegar al desarrollo de la pieza (montuno), se cambia el acompañamiento por el siguiente ritmo: (♩. ♩. ♩).

SECOND GROUP: **Styles originating in the second measure of the *danzón* bassline**

SEGUNDO GRUPO: **Géneros que tomaron el segundo compás del bajo básico del danzón:**

Guaracha
Bomba
Calypso

Guaracha
Bomba
Calypso

Note: Originally, the Calypso used the same rhythm, but the chord notes were played in order - root, third, fifth.

Nota: El calypso en su forma original, utilizaba la misma célula rítmica, pero formando el acorde en orden de 1ª, 3ª, y 5ª.

Son
Son montuno

Son
Son Montuno

Note that in this group the chords are anticipated continuously. We will discuss this process later on.

Observe que en este grupo se anticipa el acorde posterior un tiempo. Este procedimiento lo veremos más adelante.

DANZÓN

DANZÓN TRADICIONAL

The following musical example will demonstrate how the bass functions in the *danzón*. In this section of the book we will not present the entire song form of the *danzón* which consists of 4 parts:

1-Introduction (repeated)
2-Flute section
3-Violin Section
4-Montuno (In this section the *tumbaos* or bass lines are most developed)

El siguiente fragmento musical, le dará una muestra de como funciona dentro de la música, el bajo básico del danzón. Es bueno aclarar que en esta parte del libro no le presentaremos una forma completa de danzón ya que este consta de cuatro partes que son:

1. Introducción que se repite.
2. Parte de flauta.
3. Parte de violín.
4. Montuno. (parte donde mas se desarrollaron los tumbaos de bajo)

At this point, we feel it is not necessary that you practice this example. We are only demonstrating the introduction and the montuno sections.

y que en este momento no creemos necesario que usted practique. Solamente le mostramos la introducción y el montuno.

Originally, the *danzón* was written in 2/4 as well as some of the other styles, but it was played in 4/4. To make the variations and comparisons easier to understand, we've opted to write this example in 4/4.

El danzón en su forma original se escribía a 2/4 al igual que algunos otros ritmos, pero se tocaba a 4/4. Para hacer más comprensibles las variantes y las comparaciones hemos preferido escribirlo en 4/4.

Note about Track Numbers:

There are two introductory tracks on CD#1 before the recorded examples start. That means that Example #1 in the book goes with Track #3 on the CD, Example #2 goes with Track #4, etc.

CD #2 corresponds with the Example numbers exactly as written in the book (starting on page 29.)

Aviso sobre los numeros de los temas:

Hay dos temas introductorios en el CD no. 1 antes de que empiezen los ejemplos. Esto significa que el ejemplo no. 1 del libro corresponde al tema no. 3 del CD, el ejemplo no. 2 corresponde al tema no. 4, etc.

El CD no. 2 corresponde con los numeros de los ejemplos exactamente como indicados en el libro (empezando en la pagina no. 29).

Example #1: *DANZÓN*   **Ejemplo 1: DANZÓN TRADICIONAL**

SON

The *son* originated in the Eastern region of Cuba and is the style that has been primarily responsible for bringing forward Cuban music from its birth to its current status. Initially, the bass was played by a *botija* (clay carafe used to store water, oil or wine) or the *marímbula* (wooden box with 4, 5 or 6 metallic tongs). In 1910, the incorporation of this style to the *danzón* marked the beginning of the use of this type of accompaniment by the bass. By 1920, the Sexteto Habanero and later the Septeto Nacional de Ignacio Piñeiro (bassist and director), employed this style and were its main exponents.

We should point out that in these early years, the harmonic outline was quite simple: tonic and dominant. Play along with the cassette - a fragment of a traditional *son*.

SON TRADICIONAL

Nacido en la región oriental de Cuba, el son es el género que más ha aportado a la música cubana desde su aparición hasta la actualidad. En sus inicios se utilizaban para hacer los bajos la botija, (vasija de barro para guardar agua, aceite o vino) ó la marímbula (cajón de madera con 4,5 o 6 fleges metálicos) Es a partir de 1910 con la inclusión de éste género al danzón cuando se comienza a emplear ese tipo de acompañamiento con el contrabajo y se consolida este uso con el surgimiento en 1920 del Sexteto Habanero y luego del Septeto Nacional de Ignacio Piñeiro (contrabajista y director).

Es bueno señalar que en estas primeras décadas la armonía era muy sencilla (tónica y dominante). Toque con la grabación un fragmento de un son tradicional.

Example #2: *Son*   **Ejemplo 2:** *Son Tradicional*

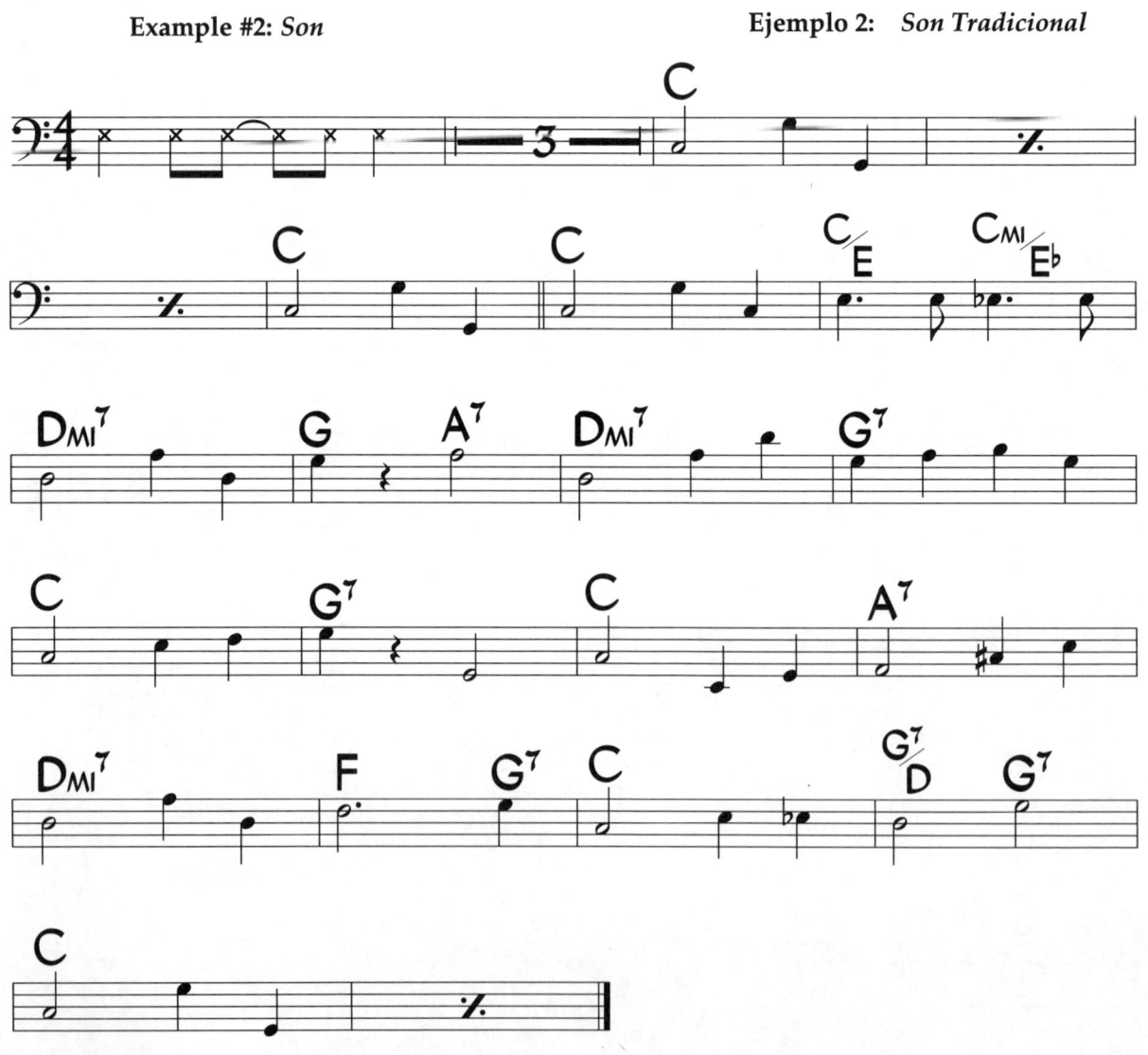

Montuno

We have separated the *montuno* section from the theme so that you can feel the rhythmic difference and can observe how the same bass line is interpreted with a little more syncopation.

Montuno.

Hemos separado el montuno del tema de son para que usted sienta la diferencia rítmica y observe como el mismo bajo básico se interpreta un poco mas rítmicamente.

Example 2b   (Montuno) *Son*

Ejemplo 2b (Montuno) *Son Tradicional*

BOLERO

The *bolero* is a romantic and danceable song style which was developed from the traditional troubador styles, known as *trova*. It borrowed its structure of accompaniment from the *son*, although it is interpreted by giving each note a longer value.

BOLERO TRADICIONAL

El bolero es una forma de canción romántica bailable que se desarrolló a partir de la trova tradicional y que utilizó la forma de acompañamiento del son, aunque se interpreta dándole un valor mas largo a cada nota.

Example #3

Ejemplo 3

DANZÓN DE NUEVO RITMO

In 1937, flautist and director Antonio Arcaño formed the *charanga* group Arcaño y sus Maravillas. Two of the most innovative creators in the history of Cuban music, the brothers Israel López "Cachao" (bassist) and Orestes López (cellist, pianist and bassist) formed part of this group. Together they created the style known as *danzón de nuevo ritmo* which gave birth to both the *mambo* (popularized by Pérez Prado), and the *cha-cha-chá* (created by Enrique Jorrín). It was after this stylistic movement that the bass developed the most and in some cases it played the role of soloist, ("Canta el Contrabajo," for example).

The following example demonstrates a *danzón*, which in its **montuno section** utilizes an accompaniment that later will become the basic bass line of the *cha-cha-chá*.

DANZÓN DE NUEVO RITMO

En el año 1937 flautista y director, Antonio Arcaño, formó la charanga Arcaño y sus Maravillas, donde se encontraron dos de los mas fecundos creadores de toda la historia musical cubana, Israel López "Cachao," contrabajista, y Orestes López, violonchelista, pianista y contrabajista. Juntos crearon el estilo al que llamaron **"danzón de nuevo ritmo,"** que dio origen al **mambo** que popularizó Pérez Prado y al cha-cha-chá de Enrique Jorrín. Es a partir de este estilo donde mas se desarrolló el contrabajo, y que asumió en algunos casos papel de solista (Canta El Contrabajo).

El siguiente fragmento muestra un danzón que en su montuno, utiliza un acompañamiento que mas tarde será el bajo básico de ritmo del cha-cha-chá.

Example #4: Danzón De Nuevo Ritmo

Ejemplo 4: Danzón De Nuevo Ritmo

CHA-CHA-CHA

This rhythm was created in Havana during the 1950's by violinist Enrique Jorrín. Although this rhythm developed from the ideas of the *danzón*, it took on its own distinctive characteristics.

Basic bass line of the *cha-cha-chá*: In this style the notes are played short and very rhythmically.

CHA-CHA-CHA.

Ritmo creado en la Habana en la década del 50 por el violinista Enrique Jorrin y que utilizó una forma de acompañamiento que aunque surgida sobre las ideas del danzón, se desarrolló y tomó características propias en su interpretación.

Bajo básico del cha-cha-chá: En este estilo se utiliza las notas cortas y muy rítmicas.

Example #5: *Cha-cha-chá*   **Ejemplo 5:** *Cha-cha-chá*

Another widely used variation in *cha-cha-chá* is:

This variation is also utilized with other Cuban rhythms, as well as with styles from other countries (such as the Bossa Nova, Modern Bolero and Guajira), and in some forms of Pop and Beat music. The *cha-cha-chá* does have a difference, in that it combines many other variations in which the notes are also short and very rhythmic.

Otra variante muy usada en el cha-cha-chá es:

Que es utilizado también para otros ritmos cubanos e internacionales como el bossa-nova, el bolero moderno, la guajira y algunas formas de pop y beat. Con la diferencia de que en el cha-cha-chá este esquema se combina con muchas otras variantes y se interpretan las notas mas cortas y rítmicamente.

©R. Mauleon, Havana 1993

SILVIO VERGARA

SON MONTUNO

It is in the many variations of the *son* such as the *changüí, sucusucu, fiongo, bachata oriental*, etc., where important contributions, such as the anticipated bass mixed with the *Cuban tresillo* (♩. ♩. ♩) creates that intriguing balance characteristic of the Cuban and Latin American bass lines.

Example of the *bajo anticipado* (anticipated bass). (The *son* was also written in 2/4, but we opted to demonstrate it in 4/4.)

Es dentro de las muchas modalidades del son (el **changüí**, el **sucusucu**, el **fiongo**, la **bachata oriental**, etc.) donde se producen aportes tan importantes como el bajo anticipado que mezclado con el tresillo cubano (♩. ♩. ♩) crea ese maravilloso balanceo tan característico en las lineas de bajo cubanas y latinoamericanas.

Ejemplo de bajo anticipado. (El son fue también escrito en 2/4 pero preferimos mostrarlo en 4/4.)

The *son montuno* is where the *tumbaos* or *bajeos* are mostly developed. These ostinato bass lines outline the harmony and must be "locked in" with the piano accompaniment. These are usually four-bar phrases.

En el son montuno es donde mas se desarrollaron los tumbaos o bajeos que son una estructura de bajo reiterativo que resume todo el ciclo armónico y que debe estar en concordancia con el ritmo y con el movimiento del piano. Casi siempre son frases que no deben pasar de 4 compases.

Example #6: *Son Montuno*   Ejemplo 6: *Son Montuno*

Montuno: This definition is also used as part of the arrangement where the alternation between the chorus (*coro*) and vocal improvisation (*guía or pregón*) take place.

Montuno: Esta palabra también se usa para nombrar la parte del arreglo donde se cantan los coros y las guías o pregones (improvisaciones) del cantante solista.

GUAJIRA

In its original form, the *guajira* (peasant song) as well as the *Criolla* (Creole), uses a simple form of bass line in 6/8.

GUAJIRA

La guajira en su forma original (canción con temas campesinos) al igual que la criolla, utiliza una forma sencilla de bajo básico en 6/8.

Example: or   ejemplo: ó

But in its ballroom or danceable form, it changes its structure to 4/4 and uses the basic form of the son montuno.

Pero en su forma de salón o bailable cambia su estructura a 4/4 y utiliza la forma básica del son montuno.

Example #7: *Guajira*   **Ejemplo 7:** *Guajira*

THE AFRO

Another style which underwent a similar transformation was the *Afro*, which in its original form is written in 6/8 and uses the 6/8 *clave*.

This style was used in lullabies or themes related to the life of the Black slaves (*canción Afro*) and, in this form, it's written in 2/4 or 4/4 and changes its *clave* from 6/8 to the 4/4 pattern shown below:

Example #7b (not recorded)

EL AFRO

Otro género que sufrió una transformación parecida fue el Afro, que en su forma original se escribe en 6/8 y que usa la clave de 6/8.

Este género, se utilizó luego en canciones de cuna ó de temas relacionados con la vida de los esclavos negros (canción afro) y en esta forma se escribe a   2/4 ó 4/4 y cambia su clave.

ejemplo 7b: (no grabado)

Afro, basic bass line (Afro, bajo básico)

variations (variantes)

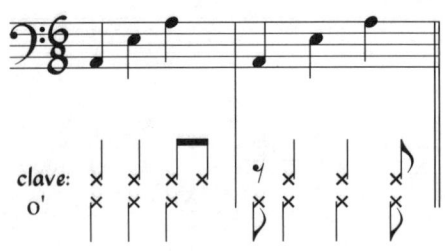

combinations (combinaciones)

Canción afro, bajo básico

"Yo Si Como Candela" (Son Montuno)

This example is of a famous *son montuno* as interpreted by the Conjunto Chapottín with Sabino Peñalver on the bass. Analyze the bass line.

"Yo Si Como Candela"

En este momento le presentamos un famoso son montuno interpretado por el conjunto Chapottín con su bajista Sabino Peñalver. Disfrútelo y analice su parte de bajo.

"El Chaleco" (Son Cha)

This next musical example is a *son-cha* recorded by the Orquesta Aragón, one of Cuba's most famous Charanga orchestras. You will hear Joseíto Beltrán on bass.

"El Chaleco"

La próxima pieza musical que le ponemos es un son-cha grabado por la Orquesta Aragón, una de las orquestas charangas mas famosas de Cuba.
Bajista: Joseíto Beltrán.

MAMBO

This well-known Cuban rhythm utilizes the bass line from the **son, bolero**, etc., but it is interpreted very rhythmically and with short notes. In the mambo's development, a series of variations based on the *cha-cha-chá* was used.

MAMBO

Este muy conocido ritmo cubano, utiliza básicamente el bajo del son tradicional, el bolero etc., pero se interpreta de forma corta y muy rítmicamente. El mambo en su desarrollo, utilizó una serie de variantes basadas en el bajo basico del cha-cha-cha (ver paginas 7 y 8).

Example #8: *Mambo*   **Ejemplo 8: Mambo**

Mambo: This word also refers to the instrumental section of an arrangement which separates the *montuno* (or vamp) sections.

Mambo: Esta palabra también se usa para nombrar la parte instrumental del arreglo que separa los montunos.

BOLERO

The following rhythms, *bolero son* and *bolero cha*, are two examples of how all Cuban styles have borrowed from, and complemented each other, resulting in a very creative form of accompaniment.

BOLERO

Los próximos dos ejemplos de bolero (bolero son y bolero cha), muestran la enorme fusión que han tenido todos los ritmos cubanos entre si. De esta misma forma también muestra como sus bajos básicos se han complementado para hacer un estilo muy creativo de acompañamiento que a la vez reúne las características de ambos géneros.

Example #9: *Bolero Son*   **Ejemplo 9:** *Bolero Son*

Example #10: *Bolero Cha*   Ejemplo 10: Bolero Cha

"Fiebre De Ti", *bolero* (next page)

The following bolero was recorded by Benny Moré and his orchestra, one of Cuba's greatest vocalists of all time. Notice how the bass changes its rhythmic pattern completely at the bridge. Ramón Caturla is playing bass. When the piece goes back to the Sign, the bass plays a few variations that we didn't find necessary to notate.

"Fiebre De Ti", Bolero (próxima página)

A continuación le presentamos "Fiebre de Ti," un bolero grabado por Benny Moré, uno de los mas grandes cantantes cubanos de todas las épocas (Benny Moré con su Orquesta). Observe en el puente como el movimiento del bajo cambia completamente su célula rítmica. Bajista: Ramón Caturla. (Cuando se repite al %, el bajista hace ligeras variaciones que no hemos creído necesario anotar).

"Fiebre De Ti", *bolero*

RUMBA

This rhythm is very active, and originally only percussion instruments would be used. When this rhythm was performed by vocal and instrumental groups, the bass line was based on the traditional *son* pattern. (♩ ♪♪)

RUMBA

Ritmo muy movido y que originalmente utilizaba solo instrumentos de percusión. Al incorporarse este ritmo a agrupaciones soneras y orquestales tomó el bajo básico del son tradicional. (♩ ♪♪)

Example #11: *Rumba*   **Ejemplo 11: Rumba**

GUARACHA

This style has been known since the colonial period. The traditional form went through a few changes when it was incorporated into instrumental groups. The accompaniment that initially used the bass line from the *son* (♩ ♩ ♩) and at times (♩. ♩. ♩), later further developed from one of the variations of the *cha-cha-chá* (♩ ♫♩ ♩). This is one of the most commonly used patterns in what is known as *Salsa*.

Este género se conoce desde los tiempos de la colonia. La forma tradicional tuvo algunos cambios al incorporarse al repertorio de las agrupaciones instrumentales. El acompañamiento que al inicio utilizaba el bajo básico del son tradicional (♩ ♩ ♩) y en otros momentos (♩. ♩. ♩), luego se nutrió de una de las variantes del cha-cha-chá (♩ ♫♩ ♩). Esta célula es una de las mas usadas en la música salsa.

Example #12: *Guaracha* / **Ejemplo 12: Guaracha**

Traditional Guaracha basic bass line:

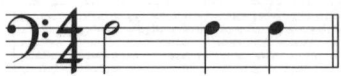

(During the melody)

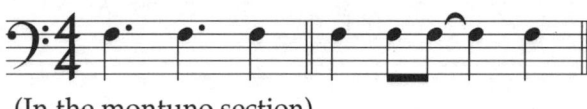

(In the montuno section)

Guaracha Tradicional bajo básico:

(en el tema)

(en el montuno)

"Mi Bombolaye" (next page)

The following recording is of a *guaracha* as interpreted by Roberto Faz, one of Cuba's musical giants. Listen to it and analyze the bass part.

"Mi Bombolaye" (próxima página)

Le presentamos esta guaracha interpretada por uno de los grandes de nuestra música, Roberto Faz. Escúchelo y analice la parte de bajo.

"Mi Bombolaye" (Guaracha)

CHAPTER TWO

THE CLAVE AND ITS RELATION TO THE BASS
(No recorded examples until Variation 1, p. 29)

The *clave* is a binary rhythmic pattern that creates the basis which guides all of the melodic and rhythmic patterns in Cuban music. This rhythmic ostinato is usually played by the *cláves* (pronounced kláh-ves), a percussion instrument made of a pair of cylindrical wooden sticks. The better known of these patterns are the ***son clave, rumba clave*** and the ***6/8 clave*** (see p. 11). At times there won't be a percussionist playing the clave, but the instrumentalist or vocalist will know where it lays and base his/her comping, melodic interpretation and improvisation around it.

The repeated two-measure pattern of the ***son clave*** (♩. ♩. ♩ | 𝄽 ♩ ♩ 𝄽), as well as the ***rumba clave*** (♩. ♩. ♪ 𝄽 ♪ | 𝄽 ♩ ♩ 𝄽) may change its order or direction according to the melody. This way, the clave may be in 3-2 (♩. ♩. ♩ | 𝄽 ♩ ♩ 𝄽) or 2-3 (𝄽 ♩ ♩ 𝄽 | ♩. ♩. ♩).

The greatest difficulty presented by this concept, is that **there isn't a unique or individual system to lay out these clave patterns within a musical piece.** This is because it is, and has been, something that is "felt," since it appeared as a fundamental part of the rhythm and Latin flavor. The musician should know - or better yet, feel-where the clave lies correctly.

There is an important fact about the relation of the *clave* (*son*, etc.) to the bass line: Any of the rhythmic patterns of the Cuban bass lines, without melody or harmony, are always correct with the clave.

CAPITULO 2

LA CLAVE Y SU RELACIÓN CON EL BAJO
(Ejemples grabados comienzan de nuevo en la página 29 con Variante no. 1.)

La clave es un patrón binario que crea una base estructural rítmica y melódica en la música cubana. También se llama clave a un instrumento de percusión compuesto por dos piezas de madera tubulares con las que se tocan diferentes ciclos rítmicos que varían de acuerdo con el género que se interpreta. A estos ciclos se les da el nombre de clave siendo las más usadas, la clave de son, la de rumba guaguancó y la de 6/8 (refiérase a la página 11).
El ciclo de la clave de Son (♩. ♩. ♩ | 𝄽 ♩ ♩ 𝄽) al igual que el de rumba-guaguancó (♩. ♩. ♪ 𝄽 ♪ | 𝄽 ♩ ♩ 𝄽) consta de dos compases que pueden invertir su orden de acuerdo con la melodía. De esta manera la clave puede estar en su forma 3-2 (♩. ♩. ♩ | 𝄽 ♩ ♩ 𝄽) o 2-3 (𝄽 ♩ ♩ 𝄽 | ♩. ♩. ♩).

La mayor dificultad que ofrece éste fenómeno es la de que no **existe un sistema único para insertar éstos ciclos dentro de una parte musical,** pues desde su aparición como parte fundamental del ritmo y sabor latinos, se ha considerado algo que "se siente" y que el músico debe saber o más bien "sentir" donde esta colocada correctamente. Lo más importante de la relación de las claves, con los acompañamientos es que; cualquiera de las figuras rítmicas de los bajos básicos cubanos sin armonía o melodía **nunca están mal con la clave.**

For Example: Veamos un ejemplo:

Example 1   Ejemplo 1

Son Clave: 3-2 / 2-3

Rumba Clave:

Basic Bass Lines:

Bajos básicos:

©R. Mauleón, Havana 1993

Orlando "Cachaíto" López, Carlos Del Puerto, Carlitos Puerto, Jr.

The following examples demonstrate the melody and its harmonic structure which dictate both where the *clave* should come in and the *clave's* relationship with the bass.

Los siguientes ejemplos nos muestran que la melodía y su estructura armónica son las que pueden variar el lugar donde debe "entrar" la clave y la relación de ésta con el bajo.

Example 2:

Ejemplo 2:

Note that the two melodies use exactly the same bass lines, which work perfectly even though the *clave* is different in both cases. The only difference is that in the first example, the chord is functioning as a tonic and in the second example, it functions as a dominant.

Now, let's create a bit of history:

In the beginning, the *son* utilized a very simple melodic and harmonic structure. Arrangements always started with a *llamada* (or call) or *tumbao* as played by the *tres* (a three double stringed instrument), which lasted four bars, and then the bass and percussion would come in (♩ ♩ ♩) over the 3-2 *clave*.

These *llamadas* or melodies were usually sung at a length of 4-, 8- and 16-bar phrases. Sometimes, however, the number of bars were shortened or increased. The melody was either stopped during a rhythmic break or, in some cases, the *clave* would come in and out. The end of the melody would usually be followed by a two-measure break emphasizing the 3-side of the *clave*, which would set up a *montuno* pattern(♩. ♩. ♩).

Harmonically, this break was done over the dominant, or chords that resolved to the tonic. In this way, it was established that in short harmonic progressions the bass could enter on the 3 side of clave where the dominant lies or where the melodic phrases usually end.

It is after the creation of the *son montuno* and the anticipated bass line, as well as more complex harmonies which in many cases would end up in a *tumbao*, that the awareness of the *clave* became most important for the bass player. As we mentioned before, the traditional *bajo básico* rarely would be out of *clave*.

Observe que las dos melodías usan exactamente los mismos bajos básicos, que funcionan a la perfección, aun cuando la clave es diferente en ambos casos. La única diferencia es que en el primer caso el acorde está en función de tónica y en el segundo en función de dominante.

Hagamos un poco de historia:

El son en sus inicios utilizaba una estructura melódica y armónica muy sencilla. Sus arreglos siempre comenzaban con una "llamada" o "tumbao" del tres que duraba 4 compases y luego entraban juntos, la percusión y el bajo básico (♩ ♩ ♩) sobre la clave 3-2.

Estas melodías se preparaban sobre periodos de frases de 4, 8 y 16 compases. En los casos en que no sucedía así, en el arreglo se alargaban o acortaban la cantidad de compases y se paraba mediante un efecto o, en algunos casos la clave entraba y salía. Al terminar la melodía del tema, casi siempre se hacia un efecto que daba paso al montuno y que rítmicamente era el compás fuerte de la clave (♩. ♩. ♩).

Armónicamente este efecto se hacia sobre la dominante o sobre acordes que resolvían en la tónica. De esta manera se arraigó la idea de que en ciclos armónicos cortos, la clave comienza en 3-2 sobre el compás donde esté la dominante ó la progresión donde resuelva la melodía.

Es a partir del Son montuno y con la aparición del bajo anticipado y armonías más complejas, que en muchos casos se resumían en un tumbao, cuando el conocimiento de la clave se hace más importante para el bajista pues como le explicamos anteriormente, los bajos básicos tradicionales raras veces se salían de la clave.

Let's look at how the **clave** works over some harmonic progressions. Remember that there could be a number of exceptions according to how a melody lays out.

I-IV-V7-IV-I; This is a commonly used progression in Latin music, and **if you start on the tonic chord (anticipated), the *clave* is always 2-3.**

Veamos como actúa la clave sobre algunos ciclos armónicos (recuerde que pueden existir muchas excepciones de acuerdo con las diferentes melodías).

I-IV-V7-IV-I; En este ciclo (muy usado en la música latina). **Si usted comienza sobre la tónica** (un bajo anticipado) **siempre la clave es 2-3.**

Example 3a   *Ejemplo 3a*

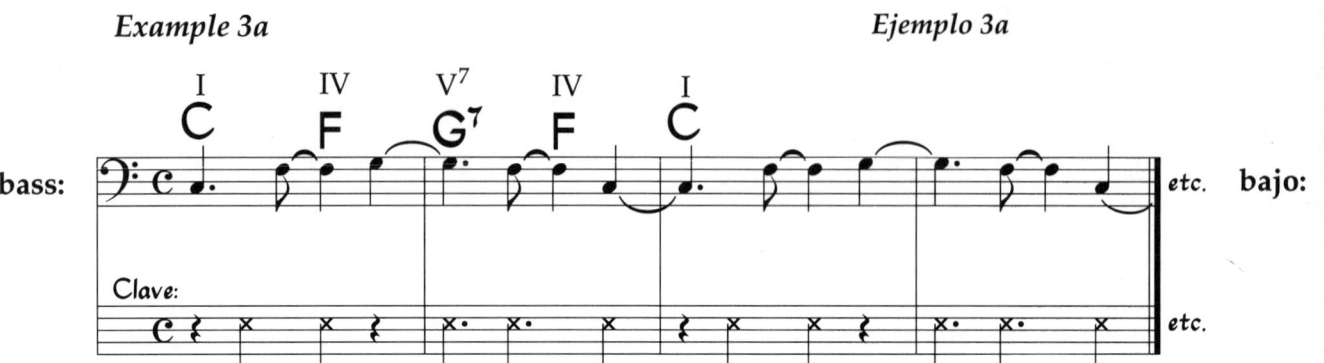

Example 3B I-IV-V7-IV

When the *clave* starts by itself, you should come in as follows:

Ejemplo 3b I-IV-V7-IV

Cuando la clave comienza sola, usted debe entrar así:

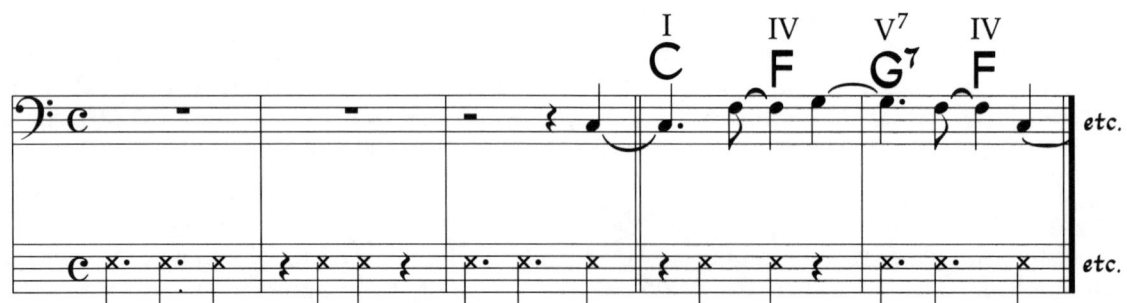

Example 3C

The same concept applies (2-3 clave layout) if you play a *tumbao* over the same structure.

Ejemplo 3c

Igualmente sucederá si usted forma un tumbao sobre esta estructura.

Example 3d

If the progression starts on the dominant, the pattern should be as follows (notice that only roots are played):

Ejemplo 3d

Si el ciclo comienza en V^7, el procedimiento deberá ser:

Example 4 - I-V7

In these cases the *clave* starts over the tonic in the form (2-3).

Ejemplo 4 - I-V7

En estos casos la clave comienza sobre I en la forma (2-3).

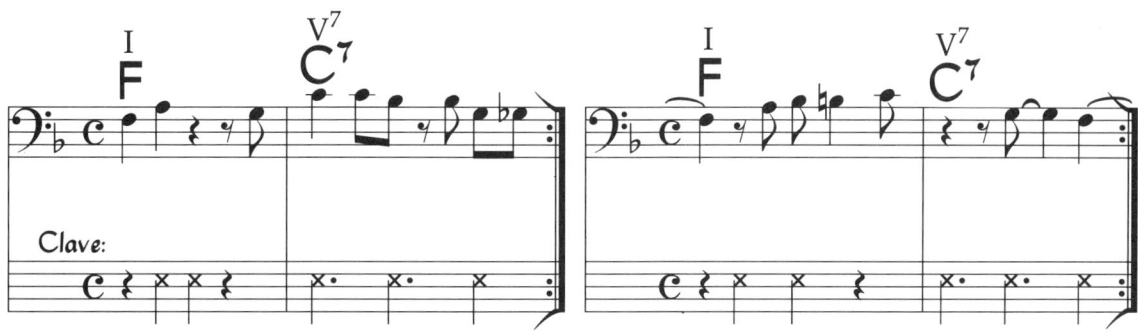

Example 5

II-V7-I Progression. Usually the *clave* is as follows:

Ejemplo 5

El ciclo II-V^7-I (regularmente) entra en la clave así:

These are some progressions which are quite common in Latin music (especially over the *montuno*). What is constant is that if you play a bass pattern following the harmony, it is the percussionist that has to be sure to play the *clave* pattern correctly in relation to the melody and the harmony. Nevertheless, we remind you that in any harmonic progression, you may use either pattern to bring in the *clave* according to the melodic line. When you read a set of chord changes on a chart for the first time, you should first use the corresponding basic bass line. Variations should be done once you are familiar with the melody and the correct *clave*.

Finally, we present to you some examples which will reaffirm some of the concepts discussed before. Throughout this material, you will find numerous examples.

This *clave* works well with the bass movement. Notice however, that in playing the following melody ("Giant Steps") the *clave* is crossed or backwards, but that **the bass line has not changed.**

Estos son algunos de los ciclos armónicos más usados dentro de la música latina (sobre todo en los montunos) y en ellos, en la mayoría de los casos se cumplen estas ideas. Lo que si es una realidad es que si usted construye su acompañamiento siguiendo bien la armonía, es el percusionista quien debe estar seguro de como poner la clave en relación con la melodía y el bajo. No obstante recordamos, que cualquier ciclo armónico puede usar las dos formas de "entrar" con la clave de acuerdo con la línea melódica, y que cuando Ud. lea por primera vez una partitura cifrada, debe utilizar el *bajo básico* de su ritmo. Las variantes o los tumbaos, deben hacerse cuando se conoce en qué orden entra la clave.

Finalmente le presentaremos unos ejemplos que podrán reafirmarle algunas de las ideas anteriores. Además a lo largo de todo este material usted podrá encontrar infinidad de ejemplos.

Esta clave esta bien con el movimiento del bajo. Sin embargo, al poner esta melodía ("Giant Steps") esa clave está atravesada o montada (al revés).

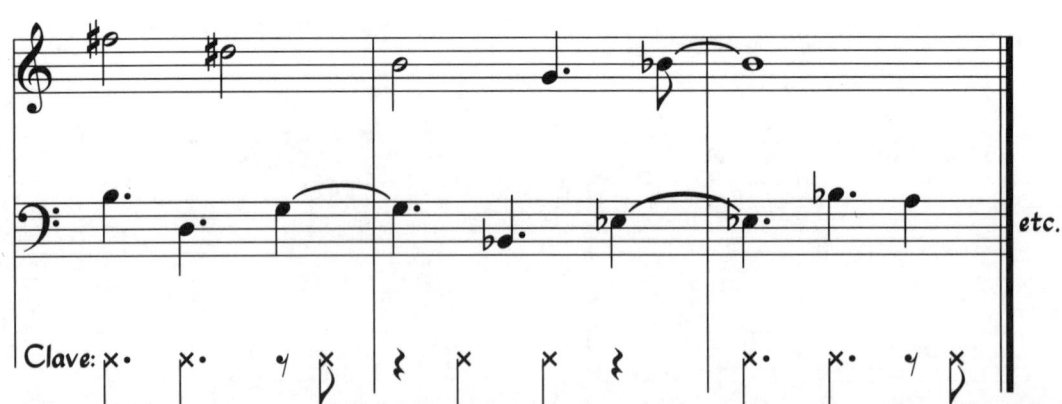

The above is the correct *clave*. Observe that **the bass line has not changed.**

Ésta es la clave correcta. Observe que **el movimiento del bajo no ha cambiado.**

VARIATIONS OVER BASIC STRUCTURES

One of the most common problems facing a beginning student of Cuban music is how to create variations over the basic bass lines without losing the flavor of the style. It is difficult to present patterns that represent all that can be done, but following this chapter we will give you some ideas on how to develop this concept.

First, let's look at an outline which represents the simplest form to construct a *son* bass line and its relationship with the different types of *clave*:

VARIANTES SOBRE ESTRUCTURAS BÁSICAS

Una de las preocupaciones más frecuentes de todo el que comienza a estudiar la música cubana es, la de cómo hacer variaciones a sus lineas de bajo sin perder el "sabor". Es difícil presentar patrones que resuman todo lo que puede hacerse, pero a partir de este capítulo trataremos de darle algunas ideas al respecto.

Primeramente, veamos un esquema que presenta la forma más simple de formar el bajo básico del son y su relación con los diferentes tipos de claves.

Variation #1: Over the *son*

The following variations demonstrate that by reducing the values of the basic bass line of the ***son***, step by step, you obtain different sequences that maintain the proper characteristics of the style.

The arrows that appear in the following outlines indicate how rhythmic changes are gradually created. We should mention that it is not necessary to use every variation when performing a musical piece. These are resources that, used with taste, may help you develop your accompaniment.

We have written these examples with simple harmonic progressions for easier understanding, but you may practice them using more complicated progressions and different combinations of notes.

Variante 1: Sobre El Son

Las siguientes variantes muestran como al reducir los valores del bajo básico del son, paso a paso, se logran diferentes secuencias que conservan las acentuaciones propias del género.

Las flechas que aparecen en éste esquema y en los sucesivos, señalan como se van produciendo los cambios rítmicos. Es bueno aclarar que todas estas variantes no tienen necesariamente que usarse cuando estamos interpretando una pieza musical. Estos son recursos que con "gusto" y "sabor" pueden ayudarlo a enriquecer sus acompañamientos.

Hemos escrito los ejemplos con una armonía sencilla para su mejor comprensión, pero estos pueden ser practicados en otros ciclos más complicados y utilizando diferentes combinaciones de notas.

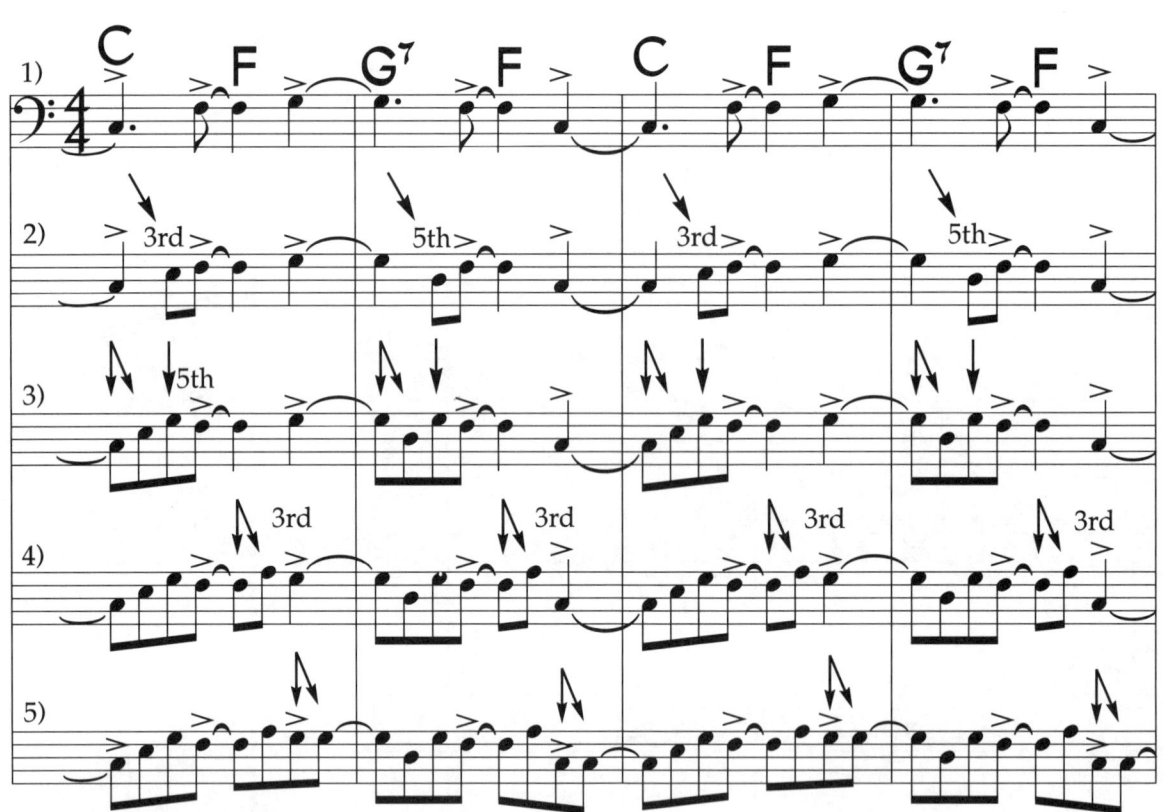

Variation #2

One way of creating other variations is to use any of the first measures of variation #1 combined with all the other second measures. (Next page).

Variante 2

Una manera de encontrar muchas otras variantes consiste en usar cualquiera de los primeros compases del variante 1 combinado con todos los segundos compases. (Próxima página).

Variation # 2 .... **Variante 2**

Variation #3

Practice all of the previous combinations adding "ghosted" notes with different approaches into the "target" note (chromatic and double-chromatic approach).

Variante 3

Practique todas las combinaciones anteriores, agregándoles notas muertas y diferentes tipos de acercamiento entre sus notas (acercamiento cromático, doble- cromático).

Try practicing these variations along with the recording of "Yo Si Como Candela" on page 12.

Practique estas variantes con la grabación de "Yo Si Como Candela" en la página 12.

Variation #4: Over the *son-cha*

As we explained previously, all Cuban rhythms have combined with each other. With this example, we will demonstrate different variations over the *son-cha*. Practice them. (The notes that appear in parentheses indicate other harmonic possibilities.)

Variante 4: Sobre el son-cha

Como hemos explicado en el capítulo anterior, todos los ritmos cubanos se han mezclado entre si y en este momento le mostraremos diferentes variantes sobre el son-cha que usted podrá practicar posteriormente. (Las notas que aparecen entre paréntesis, señalan otras posibilidades armónicas).

How to combine the measures:
(The same system as in variation #2, i.e. keep one bar the same and use variations on the other one).

Como combinar los compases:
(El mismo sistema usado por la variante 2. Por ejemplo, mantenga sencillo un compás y utilize una variante en el siguiente compás).

Variation #5: *Rhythmic Tensions*

Up to now we have presented a variations system that was based in the reduction of rhythmic values of a basic rhythm. Now we will demonstrate another form, which we named *Rhythmic Tensions*, that is achieved in an inverted manner of the previous ones: by uniting the values (arrows) until a more syncopated rhythm is created.

Variante 5: Tensiones Rítmicas

Hasta ahora le hemos presentado un sistema de variantes que se basa en reducir los valores rítmicos de una célula básica. En este momento le mostraremos otra forma, a la que nombramos **tensiones rítmicas**, que se logran de manera inversa a las anteriores; es decir, uniendo los valores (indicado con flechas) hasta formar una célula mas sincopada.

Try practicing these variations on the musical piece "El Chaleco" on page 13.

Practique estas variantes con el tema "El Chaleco", en la página 13.

Variation #6: *Guaracha*

The following diagram will help you develop a wider understanding of the possible variations over the *guaracha* which, together with the previous ones, will give you an opportunity to create your own bass lines. **(Next recorded example on page 35).**

Variante 6: Sobre La Guaracha

El siguiente esquema le servirá para tener un concepto mas amplio de las variantes posibles sobre el ritmo guaracha, que unido a las anteriores le dará la oportunidad de crear sus propias líneas de bajo. **(Próxima variante grabada en la página 35).**

[Musical notation: three bass-clef staves labeled 1), 2), 3) in 4/4 with chord symbols F, Dmi7, Gmi, Gmi7, C7]

©R. Mauleón, Havana 1993

Joseíto Beltrán, Silvio Vergara, Jorge Reyes (playing), "Cachaíto", Carlos Del Puerto, Carlitos Puerto, Jr.
(Orq. Aragon.)　　(Rumbavana)　　(Arturo Sandoval, Perspectiva) (Los Amigos　(Irakere)　　　　(Emiliano Salvador, etc.)
　　　　　　　　　　　　　　　　　　　　　　　　　　　　　F. Emilo)

VARIATIONS
Guaracha, Rhythmic Tensions **(not recorded)**

Practice the following pattern with variation #6 and notice how the rhythmic feeling gradually changes.

VARIANTES
guaracha, tensiones rítmicas **(no grabado)**

Practique el siguiente esquema con el ritmo de la variante 6, y sienta como va cambiando rítmicamente.

Try practicing these variations with "Mi Bombolaye" on page 20.

Practique estas variantes con el tema "Mi Bombolaye" en la página 20.

Variations over two chords: over the *son*
Here we demonstrate possible two-chord variations over the *son*. (not on tape.)

Variantes Sobre Dos Acordes: sobre el son
Aquí le mostraremos como se pueden hacer variantes sobre dos acordes. (no grabado)

Variation #7: *Rhythmic Tensions* over two chords.
Practice with the rhythm the following *rhythmic tensions* and pick your favorite ones.

Variantes 7: Tensiones rítmicas sobre dos acordes
Practique con el ritmo estas tensiones rítmicas y escoja sus preferidas.

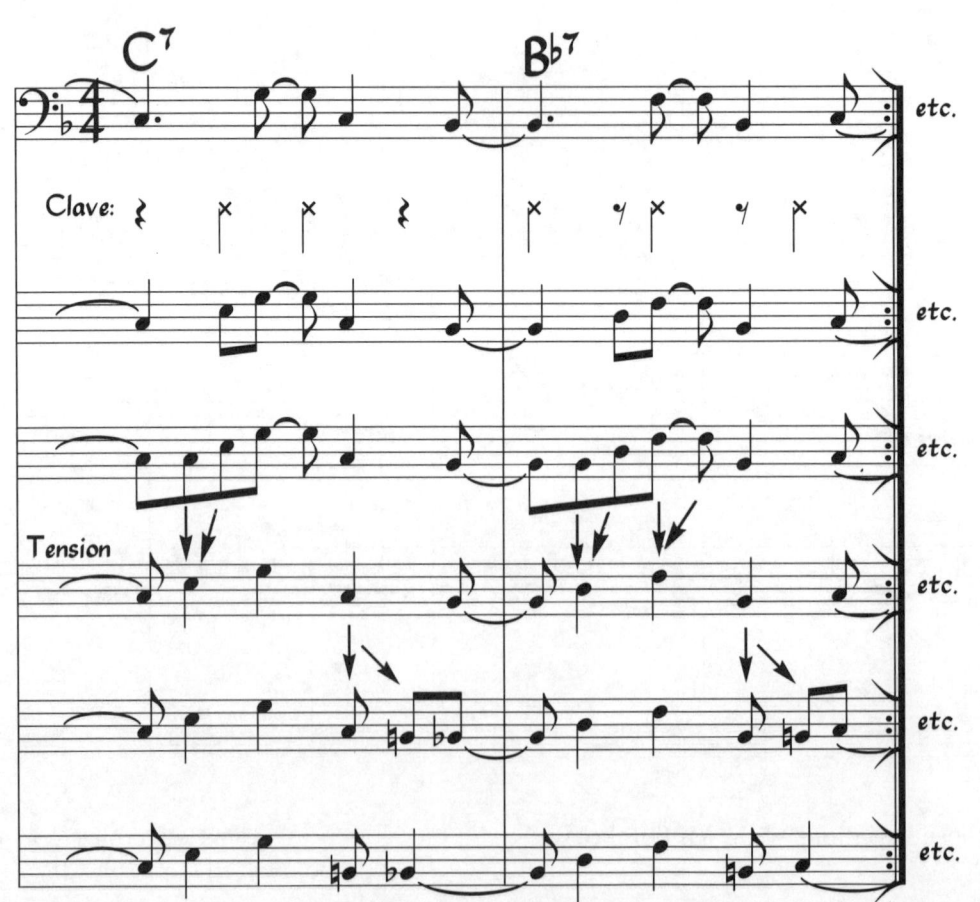

Variation #8: Combinations

We recorded a series of combined variations with more complex chord progressions. Listen to them and develop your own ideas.

(bass: Carlos Del Puerto)

Variante 8: Combinaciones

Hemos querido grabar una serie de variantes combinadas en ciclos mas complejos. Escúchelas y desarrolle sus propias ideas.

Bajo: Carlos Del Puerto

"Lágrimas Negras" (Son)

Listen, analyze and play the following ***bachata son*** as performed by the Conjunto Rumbavana. (bassist: Silvio Vergara)

Escuche, analice y toque la siguiente bachata son, interpretada por el conjunto Rumbavana.
Bajo: Silvio Vergara

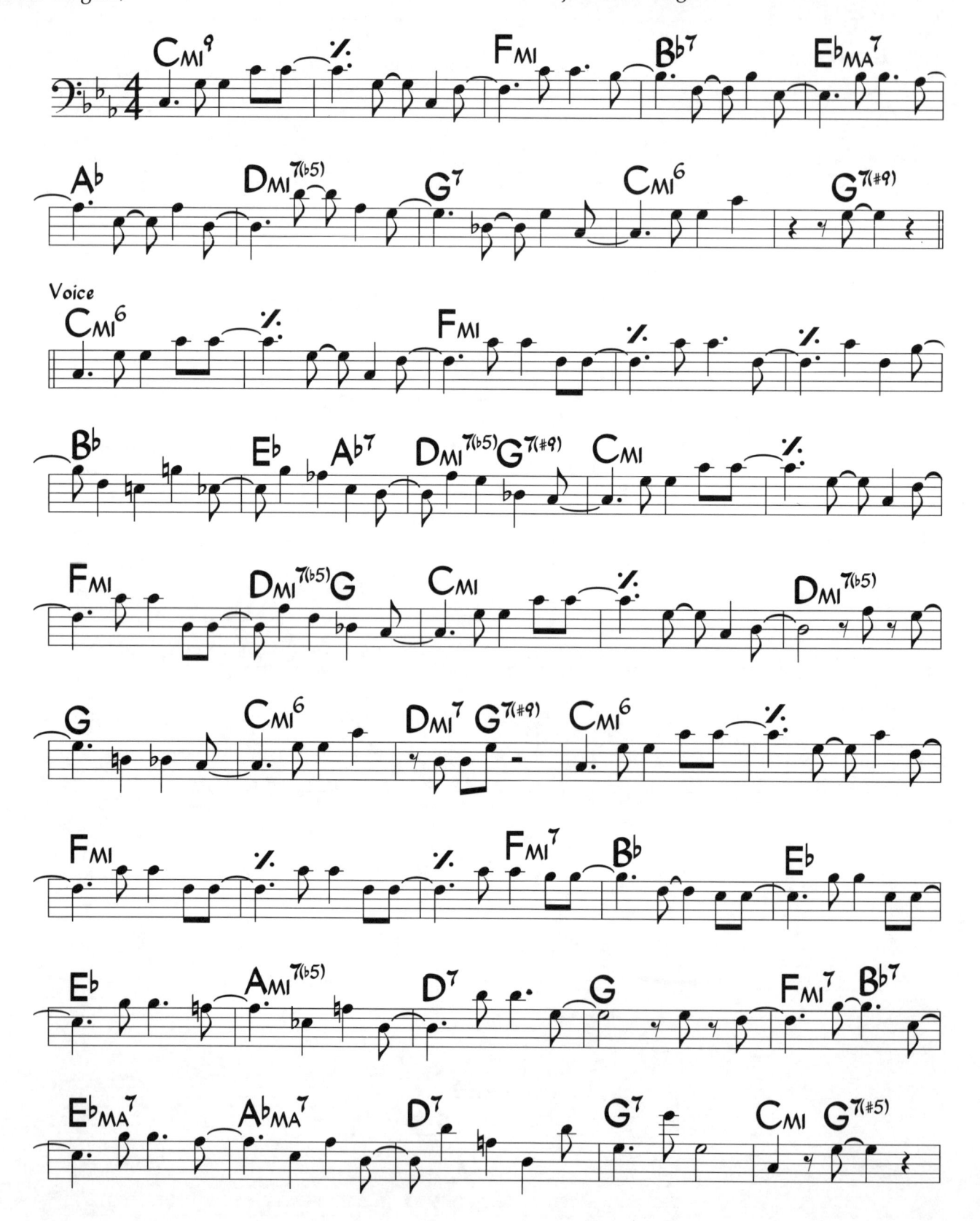

Try creating your own bass lines over the chord changes of the above tune using combined variations.

Crée sus propias figuras sobre el cifrado harmónico de este último tema, utilizando variantes combinadas.

DIFFERENT CUBAN RHYTHMS

In this section we have recorded some of the better known modern Cuban rhythms. Notice that over all of them the general concept of the *son* works as well as its variations. A basic bass line for any of these styles does not exist.

Example #9
1) Guaguancó 3) Pilón
2) Songo 4) Mozambique

Final Variations (not on tape)
Now we present a series of variations over some of the rhythms presented throughout the book. These should give you new ideas on how to create a *tumbao* or harmonic progression. Practice them and then create your own *tumbaos*.
(Next recorded example on page 45).

Variations over the recorded rhythm,
Guaguancó: Courtesy of Orlando López "Cachaíto"

DIFERENTES RITMOS CUBANOS.

En esta sección hemos grabado algunos de los mas conocidos ritmos cubanos actuales. Observe que sobre todos ellos funciona el concepto general del son y sus variantes. No existe una forma de bajo básico para ninguno de estos géneros.

Ejemplo 9
1) Guaguancó 3) Pilón
2) Songo 4) Mozambique

Variantes Finales (no grabadas)
A continuación le ofrecemos una serie de variantes sobre algunos de los ritmos y piezas presentados a lo largo del libro. Estas le darán nuevas ideas, sobre como recrear un tumbao o progresión armónica. Practíquelas y luego haga sus propios "tumbaos".
(Próximo ejemplo grabado en la página 45).

Variantes sobre el ritmo grabado.
Guaguancó: Cortesía De Orlando López "Cachaíto"

Examples of variations over the harmonies of the
danzón de nuevo ritmo (#4)

Ejemplos de variantes sobre las armonías del **danzón de nuevo ritmo** (No. 4)

Examples of variations over the harmonies of the
son montuno (#6)

Ejemplos de variantes sobre las armonías de **son montuno** (No. 6)

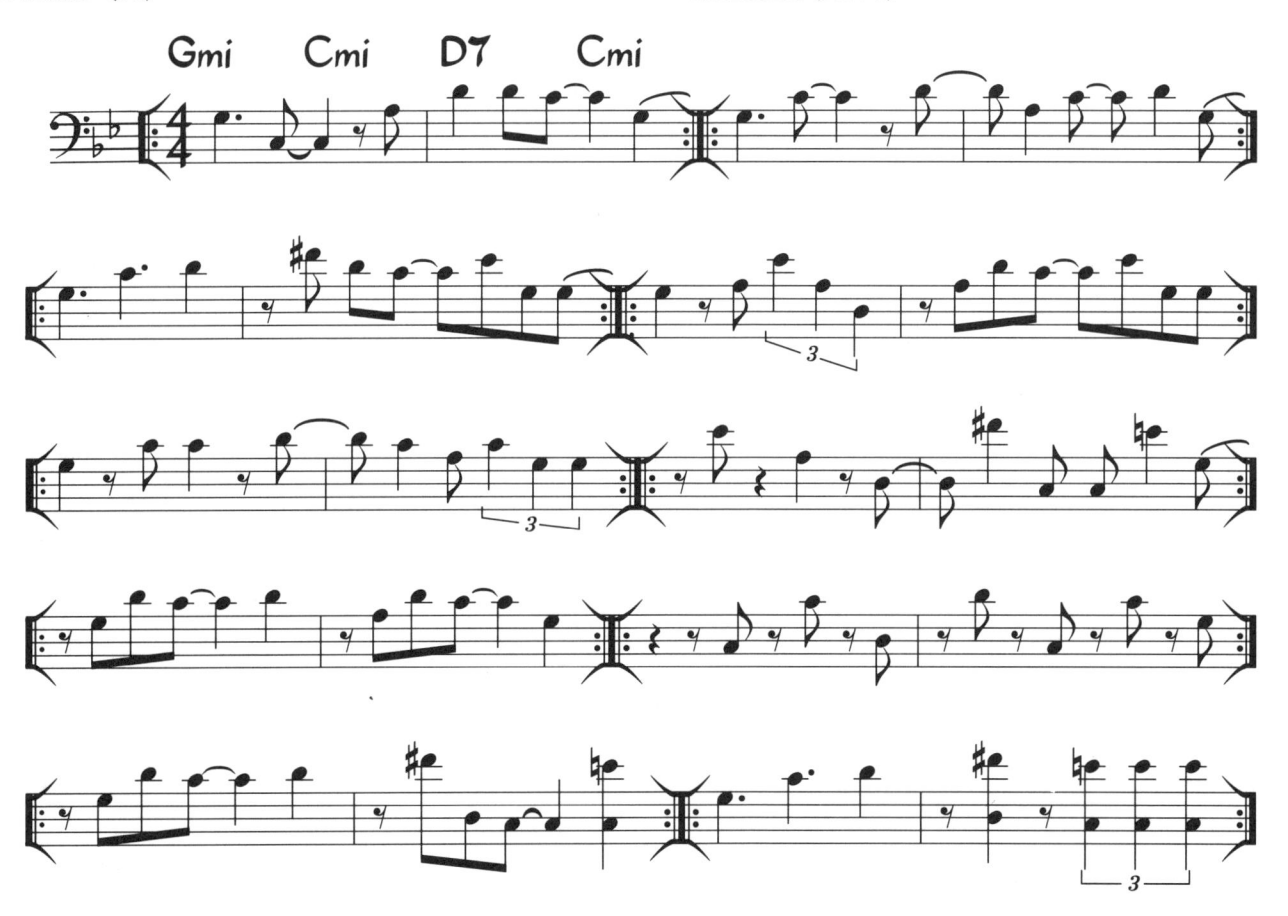

Now that you have a more complete idea of the different forms of Cuban accompaniment, play the entire cassette taking out the bass.

Ahora que usted tiene una idea mas completa sobre las diferentes formas de acompañamiento cubano, toque todo el cassette nuevamente (quitándole el canal del bajo).

CUBAN TUMBAOS / TUMBAOS CUBANOS

F C7
2-3
GMI CMI AMI7(b5) D7
2-3
D7 G6 A G7 D7 G6 A G7
2-3
C/D D7 C/D D7
2-3
DMI7 G7 C
2-3
A FMI7 BMI7 E7 BMI7 E7 A E7
2-3
C D7 EMI A
2-3
CMI G7 G7 CMI
2-3
C DMI G F
2-3
CMI Bb7 CMI Bb7

SON STUDY (For Cachao, "our father")
(Bass and percussion - not recorded)
Composer: Carlos Del Puerto - Vergara

ESTUDIO SONEADO (A Cachao, "nuestro padre")
(Bajo y percusión - no grabado)
Autor: Carlos Del Puerto - Vergara

Photo by Dave Belove

Israel "Cachao" López

CHAPTER THREE

Here you have eight compositions for analysis and for you to practice your bass lines. Enjoy them!

Music Example #1 - "La Flauta Mágica" (*danzón*)
Performing group: "Los Amigos"
Bassist: Orlando López "Cachaíto"

CAPITULO TRES

Aquí tiene ocho piezas musicales para que analice y practique sus lineas de bajo. ¡Disfrútelas!

Pieza Musical #1 - "La Flauta Mágica" (*Danzón*)
Grupo: "Los Amigos"
Bajista: Orlando López, "Cachaíto"

D G AMI
AMI GMI EMI D G F# B7 E7 A7
D7 G7 D7 G EMI A7 D G F# F7 E7
A D7 G D G EMI A7 D
C
D7 G D G D G
D G G AMI
D7 AMI
G AMI G
D G D G D G D
G G G AMI
D7 AMI
3
D7 G G AMI G

Music Example #2 - "Coge el Camarón" *Son*
Performing group: Original de Manzanillo
Bassist: "El Jimagua"

Pieza Musical #2 - "Coge El Camarón" (Son)
Grupo: Original De Manzanillo
Bajista: "El Jimagua"

Repite y "fade"
Repeat and fade

Musical Example #3 - "Rumberos Latinoamericanos" (Guaguancó)
Performing Group: Orquesta Revé;
Bassist: "Pipo"

Pieza Musical #3 - "Rumberos Latinoamericanos" (Guaguancó)
Grupo: Orquesta Revé
Bajista: "Pipo"

Bb13(#11)
Ami
G
Ami
1. Ami
2.
D. S. al Coda
Ami
D7
G
E7
Ami
D7
G
E7
Ami
D7
G
E7
Repeat and fade

Music Example #4 - "Yo Soy De La Habana" *(Son)*
Performing group: Irakere; Bassist: Carlos Del Puerto

Pieza Musical #4 - "Yo Soy De La Habana" (Son)
Grupo: Irakere; Bajista: Carlos Del Puerto

(continued on next page)   (continua en la próxima página)

"Yo Soy De La Habana" (cont.)   "Yo Soy De La Habana," (continuación)

©R. Mauleón, Havana 1993
SILVIO VERGARA & CARLOS DEL PUERTO

Music Example #5 – "El Que No Se Movió Perdió Su Tiempo" (not on tape)
Performing group: Conjunto Rumbavana
Bassist: Silvio Vergara

Pieza Musical #5 – "El Que No Se Movió Perdió Su Tiempo" (no grabado)
Grupo: Conjunto Rumbavana;
Bajista: Silvio Vergara

G F13 Eb13 D13
B7 EMI D G
D G B7 EMI C D7 (10x's)
G F#o FMI C/E D7 G
Fine
E (Mambo) (7x's)
B7 EMI D G
F G C D G C D (3x's)
(Breakdown)
G G C D G C D (10x's)
H G C D G C D (8x's)
D.S. & fade at "E"
(Option: End at bar before "E")
(Opcion: Terminar compes antes de "E")

Music Example #6 - "Bailando Así"
  (on tape, end of side 1)
Performing group: Irakere
Bassist: Carlos Del Puerto

Pieza Musical #6 - "Bailando Así"
Grupo: Irakere
Bajista: Carlos Del Puerto

(piano solo)
(horns)
(piano solo)
E
AMI D7 D#7 E7
(6x's)
F
2 3 4 5 6
7 8 9 10 11 12 13 14 15 16 17
E7 (alt.)
G
(15x's)
D.S. al Coda
Fine

Music Example #7 - "Lo Que Va A Pasar"
(not on tape)
Performing group: Irakere
Bassist: Carlos Del Puerto

Pieza Musical #7 - "Lo Que Va A Pasar"
(no grabado)
Grupo: Irakere
Bajista: Carlos Del Puerto

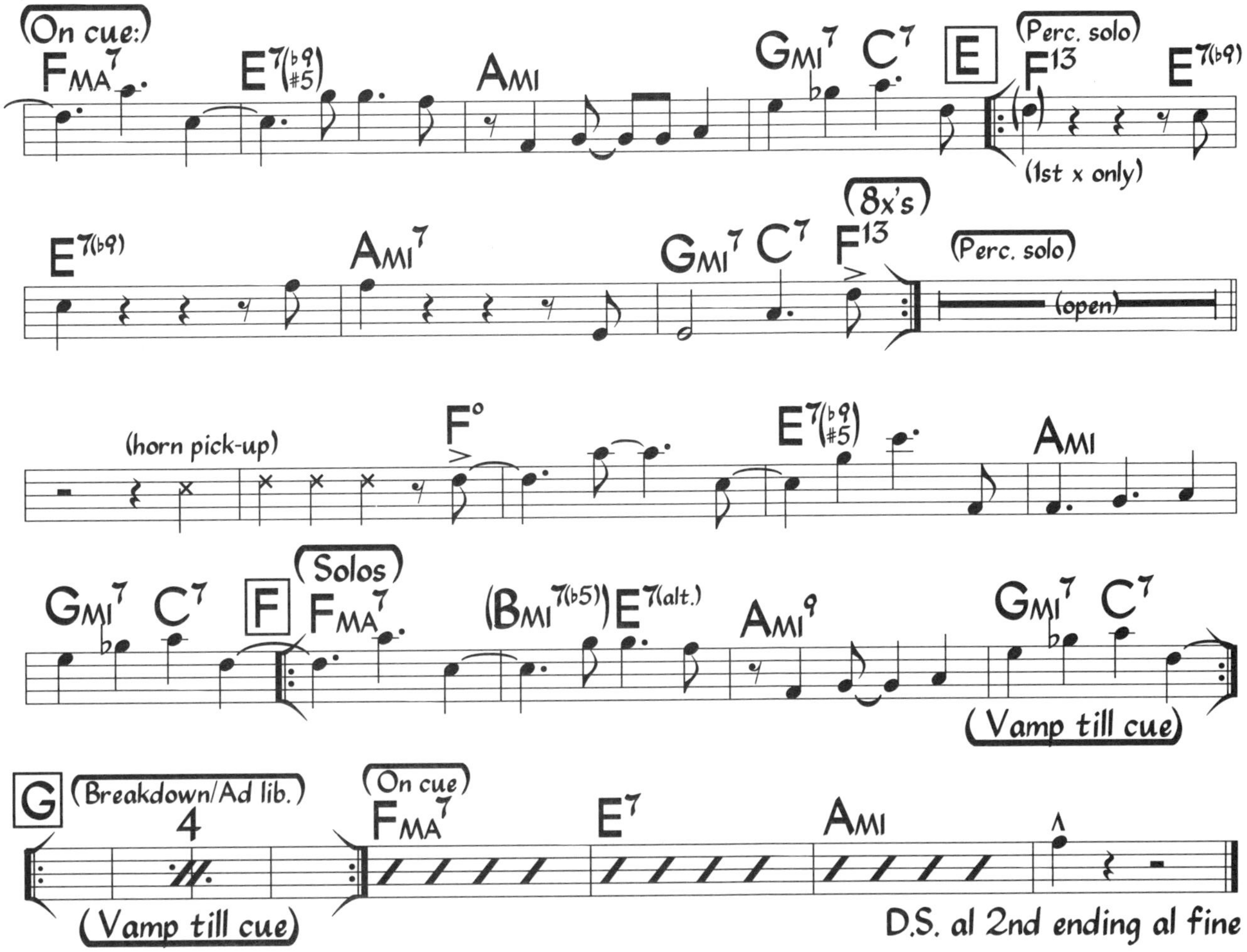
(On cue:)
FMA7
E7(b9 #5)
AMI
GMI7
C7
E
(Perc. solo)
F13
E7(b9)
(1st x only)
E7(b9)
AMI7
GMI7
C7
(8x's)
F13
(Perc. solo)
(open)
(horn pick-up)
F°
E7(b9 #5)
AMI
GMI7
C7
F
(Solos)
FMA7
(BMI7(b5))
E7(alt.)
AMI9
GMI7
C7
(Vamp till cue)
G
(Breakdown/Ad lib.)
4
(Vamp till cue)
(On cue)
FMA7
E7
AMI
D.S. al 2nd ending al fine

Music Example #8 - "Que Sorpresa"
(not on tape)
Performing group: Los Van Van
Bassist: Juan Formell

Pieza Musical #7 - "Que Sorpresa"
(no grabado)
Grupo: Los Van Van
Bajista: Juan Formell

CMI/Eb
vamp 'til cue/repite hasta el "cue"
D G
last time/ultima vez
G/F
G/F C A CMI7 G G/F
G/F C C/D
D
C D
EMI A C
Fine
Vamp out until Fine (on cue)
Repite hasta el Fine ("on cue")

Farewell.
We hope you have enjoyed this brief journey through the music of Cuba. Thanks!

CONTRIBUTORS TO THIS BOOK:

Keyboards: Pucho López
Recording engineer: José Montilla
Percussion: Enrique Plá

In special gratitude to:

Victor Mendoza (Boston)
Victor Ponti
Malene Lichtenberg
Oscar Valdés
Carlos Averhoff
Miguel Díaz, "Angá"
Orlando López, "Cachaíto"
Rebeca Mauleón

A special thanks to Pete King of Jazz House Records in London for allowing us to include "Bailando Asi" on the tape. That tune and "Lo Que Va a Pasar" can be found on Irakere's CD, *The Legendary Irakere In London*. The tune "El Que No Se Movió Perdió Su Tiempo" can be found on Conjunto Rumbavana's record, *Déjala Que Baile Sola*. "Que Sorpresa" will be included in the forthcoming album by Los Van Van entitled *Los Van Van '94 - En Vivo*. Also, a big thanks to the Editora Musical De Cuba for permission to include the other historic Cuban recordings found on the accompanying tape.

Despedida:
Hasta aquí nuestro pequeño recorrido por la música cubana. Esperamos que lo hayan gozado.
¡Gracias!

PERSONAS QUE PARTICIPARON EN ESTE LIBRO

Teclados: Pucho López.
Grabación: José Montilla.
Percusión: Enrique Pla.

Agradecimientos especiales a:

Victor Mendoza (Boston)
Victor Ponti
Malene Lichtenberg
Oscar Valdés
Carlos Averhoff
Miguel Díaz, "Angá"
Orlando López, "Cacháito"
Rebeca Mauleón

Queremos agradecerle a Pete King de Jazz House Records en Londres, por el permiso de incluir el tema "Bailando Así" en la grabación acompañante, que junto con el tema "Lo Que Va A Pasar", se incluyen en el disco de Irakere titulado *The Legendary Irakere in London*. La canción "El Que No Se Movió Perdió Su Tiempo" pertenece al disco del Conjunto Rumbavana titulado *Déjala Que Baile Sola*. "Que Sorpresa" será incluida en la próxima grabación de Los Van Van titulada *Los Van Van '94 - En Vivo*. También quisiéramos expresar nuestro agradecimiento a la Editora Musical de Cuba por habernos dado el permiso de incluir otras grabaciones cubanas históricas en el casete acompañante.

Latin Music Books & CDs from Sher Music Co.

The Latin Real Book (C, Bb or Eb)

The only professional-level Latin fake book ever published! Over 570 pages. Includes detailed transcriptions sof tunes, exactly as recorded by:

Ray Barretto	Irakere	Andy Narell	Ft. Apache Band	Djavan
Eddie Palmieri	Celia Cruz	Mario Bauza	Dave Valentin	Tom Jobim
Fania All-Stars	Arsenio Rodriguez	Dizzy Gilllespie	Paquito D'Rivera	Toninho Horta
Tito Puente	Tito Rodriguez	Mongo Santamaria	Clare Fischer	Joao Bosco
Ruben Blades	Orquesta Aragon	Manny Oquendo & Libre	Chick Corea	Milton Nascimento
Los Van Van	Beny Moré	Puerto Rico All-Stars	Sergio Mendes	Leila Pinheiro
NG La Banda	Cal Tjader	Issac Delgaldo	Ivan Lins	Gal Costa

And Many More!

Muy Caliente!

Afro-Cuban Play-Along CD and Book

Rebeca Mauleón - Keyboard
Oscar Stagnaro - Bass
Orestes Vilató - Timbales
Carlos Caro - Bongos
Edgardo Cambon - Congas

(Over 70 min. of smokin' Latin grooves)

The Latin Real Book Sampler CD

12 of the greatest Latin Real Book tunes as played by the original artists: Tito Puente, Ray Barretto, Andy Narell, Puerto Rico Allstars, Bacacoto, etc. $16 list price. Available in U.S.A. only.

101 Montunos

by **Rebeca Mauleón**

The only comprehensive study of Latin piano playing ever published.
- Bi-lingual text (English/Spanish)
- 2 CDs of the author demonstrating each montuno
- Covers over 100 years of Afro-Cuban styles, including the danzón, guaracha, mambo, merengue and songo—from Peruchin to Eddie Palmieri.

The True Cuban Bass

By **Carlos Del Puerto**, (bassist with Irakere) and **Silvio Vergara**, $22.

For acoustic or electric bass; English and Spanish text; Includes CDs of either historic Cuban recordings or Carlos playing each exercise; Many transcriptions of complete bass parts for tunes in different Cuban styles – the roots of Salsa.

The Brazilian Guitar Book

by **Nelson Faria**, one of Brazil's best new guitarists.
- Over 140 pages of comping patterns, transcriptions and chord melodies for samba, bossa, baiaõ, etc.
- Complete chord voicings written out for each example.
- Comes with a CD of Nelson playing each example.
- The most complete Brazilian guitar method ever published! $26 including surface postage.

Joe Diorio – "Nelson Faria's book is a welcome addition to the guitar literature. I'm sure those who work with this volume wiill benefit greatly"

The Salsa Guide Book

By **Rebeca Mauleón**
The only complete method book on salsa ever published! 260 pages. $25

Carlos Santana – "A true treasure of knowledge and information about Afro-Cuban music."
Mark Levine, author of The Jazz Piano Book. – "This is the book on salsa."
Sonny Bravo, pianist with Tito Puente – "This will be the salsa 'bible' for years to come."
Oscar Hernández, pianist with Rubén Blades – "An excellent and much needed resource."

The New Real Book Series

The Standards Real Book (C only)

- Alice In Wonderland
- All Of You
- Alone Together
- At Last
- Baltimore Oriole
- A Beautiful Friendship
- Bess, You Is My Woman
- But Not For Me
- Close Enough For Love
- Crazy He Calls Me
- Dancing In The Dark
- Days Of Wine And Roses
- Dreamsville
- Easy To Love
- Embraceable You
- Falling In Love With Love
- From This Moment On
- Give Me The Simple Life
- Have You Met Miss Jones?
- Hey There
- I Can't Get Started
- I Concentrate On You
- I Cover The Waterfront
- I Love You
- I Loves You Porgy
- I Only Have Eyes For You
- I Wish I Knew
- I'm A Fool To Want You
- Indian Summer
- It Ain't Necessarily So
- It Never Entered My Mind
- It's You Or No One
- Just One Of Those Things
- Love For Sale
- Love Walked In
- Lover, Come Back To Me
- The Man I Love
- Mr. Lucky
- My Funny Valentine
- My Heart Stood Still
- My Man's Gone Now
- Old Folks
- On A Clear Day
- Our Love Is Here To Stay
- Secret Love
- September In The Rain
- Serenade In Blue
- Shiny Stockings
- Since I Fell For You
- So In Love
- So Nice (Summer Samba)
- Some Other Time
- Stormy Weather
- The Summer Knows
- Summer Night
- Summertime
- Teach Me Tonight
- That Sunday, That Summer
- Then I'll Be Tired Of You
- There's No You
- A Time For Love
- Time On My Hands
- 'Tis Autumn
- Where Or When
- Who Cares?
- With A Song In My Heart
- You Go To My Head
- Ain't No Sunshine
- 'Round Midnight
- The Girl From Ipanema
- Bluesette
- **And Hundreds More!**

The New Real Book - Volume 1 (C, Bb or Eb)

- Angel Eyes
- Anthropology
- Autumn Leaves
- Beautiful Love
- Bernie's Tune
- Blue Bossa
- Blue Daniel
- But Beautiful
- Chain Of Fools
- Chelsea Bridge
- Compared To What
- Darn That Dream
- Desafinado
- Early Autumn
- Eighty One
- E.S.P.
- Everything Happens To Me
- Fall
- Feel Like Makin' Love
- Footprints
- Four
- Four On Six
- Gee Baby Ain't I Good To You
- Gone With The Wind
- Here's That Rainy Day
- I Love Lucy
- I Mean You
- I Should Care
- I Thought About You
- If I Were A Bell
- Imagination
- The Island
- Jersey Bounce
- Joshua
- Lady Bird
- Like Someone In Love
- Line For Lyons
- Little Sunflower
- Lush Life
- Mercy, Mercy, Mercy
- The Midnight Sun
- Monk's Mood
- Moonlight In Vermont
- My Shining Hour
- Nature Boy
- Nefertiti
- Nothing Personal
- Oleo
- Once I Loved
- Out Of This World
- Pent Up House
- Polkadots And Moonbeams
- Portrait Of Tracy
- Put It Where You Want It
- Robbin's Nest
- Ruby, My Dear
- Satin Doll
- Search For Peace
- Shaker Song
- Skylark
- A Sleepin' Bee
- Solar
- Speak No Evil
- St. Thomas
- Street Life
- Tenderly
- These Foolish Things
- This Masquerade
- Three Views Of A Secret
- Waltz For Debby
- Willow Weep For Me
- **And Many More!**

The New Real Book - Volume 2 (C, Bb or Eb)

- Afro-Centric
- After You've Gone
- Along Came Betty
- Bessie's Blues
- Black Coffee
- Blues For Alice
- Body And Soul
- Bolivia
- The Boy Next Door
- Bye Bye Blackbird
- Cherokee
- A Child Is Born
- Cold Duck Time
- Day By Day
- Django
- Equinox
- Exactly Like You
- Falling Grace
- Five Hundred Miles High
- Freedom Jazz Dance
- Giant Steps
- Got A Match?
- Harlem Nocturne
- Hi-Fly
- Honeysuckle Rose
- I Hadn't Anyone 'Til You
- I'll Be Around
- I'll Get By
- Ill Wind
- I'm Glad There Is You
- Impressions
- In Your Own Sweet Way
- It's The Talk Of The Town
- Jordu
- Killer Joe
- Lullaby Of The Leaves
- Manha De Carneval
- The Masquerade Is Over
- Memories Of You
- Moment's Notice
- Mood Indigo
- My Ship
- Naima
- Nica's Dream
- Once In A While
- Perdido
- Rosetta
- Sea Journey
- Senor Blues
- September Song
- Seven Steps To Heaven
- Silver's Serenade
- So Many Stars
- Some Other Blues
- Song For My Father
- Sophisticated Lady
- Spain
- Stablemates
- Stardust
- Sweet And Lovely
- That's All
- There Is No Greater Love
- 'Til There Was You
- Time Remembered
- Turn Out The Stars
- Unforgettable
- While We're Young
- Whisper Not
- Will You Still Be Mine?
- You're Everything
- **And Many More!**

The New Real Book - Volume 3 (C, Bb, Eb or Bass clef)

- Actual Proof
- Ain't That Peculiar
- Almost Like Being In Love
- Another Star
- Autumn Serenade
- Bird Of Beauty
- Black Nile
- Blue Moon
- Butterfly
- Caravan
- Ceora
- Close Your Eyes
- Creepin'
- Day Dream
- Dolphin Dance
- Don't Be That Way
- Don't Blame Me
- Emily
- Everything I Have Is Yours
- For All We Know
- Freedomland
- The Gentle Rain
- Get Ready
- A Ghost Of A Chance
- Heat Wave
- How Sweet It Is
- I Fall In Love Too Easily
- I Got It Bad
- I Hear A Rhapsody
- If You Could See Me Now
- In A Mellow Tone
- In A Sentimental Mood
- Inner Urge
- Invitation
- The Jitterbug Waltz
- Just Friends
- Just You, Just Me
- Knock On Wood
- The Lamp Is Low
- Laura
- Let's Stay Together
- Litha
- Lonely Woman
- Maiden Voyage
- Moon And Sand
- Moonglow
- My Girl
- On Green Dolphin Street
- Over The Rainbow
- Prelude To A Kiss
- Respect
- Ruby
- The Second Time Around
- Serenata
- The Shadow Of Your Smile
- So Near, So Far
- Solitude
- Speak Like A Child
- Spring Is Here
- Stairway To The Stars
- Star Eyes
- Stars Fell On Alabama
- Stompin' At The Savoy
- Sugar
- Sweet Lorraine
- Taking A Chance On Love
- This Is New
- Too High
- (Used To Be A) Cha Cha
- When Lights Are Low
- You Must Believe In Spring
- **And Many More!**